마음이 나에게 하는 말

이금호

마음이
나에게 하는 말

이금호

도서출판
디자인21

작가의 말

사실 시인이라는 말이 참 서툴다
시를 쓰는 사람이 시인이라면 나는 과연 시를 쓰는 사람일까

우연찮게 sns에서 글을 쓰게 되었는데
여러 사람의 호응을 받게 되고,

그보다는 어쩌면 글을 쓰고자 하는
잠재의식이 잠들어 있다가 꿈틀 튀어나오게 된 것은 아닌지

나는 시에 대해 잘 안다고 할 수 없다
어떤 틀에 박혀 글을 써야 한다면 난 아마 글 쓰는 것을
포기했을 것이다

그것이 시라고 하든 다른 뭐라고 하든 그냥 마음에서
우러나오는 감정 마음이 끌리는 대로,
느낀 그대로를 말하고 쓰고 싶을 뿐이다

농사꾼으로 땅 갈고 씨 뿌리고 수확하면서
틈틈이 모아둔 나의 작은 감정 조각들

누군가의 고개를 끄덕이게 하고
육신의 탈이 사라진 뒤에도 남겨진다면 그것으로 다행이다.

온기 남은 햇살이 아직 다 익지 못한 곡식들을 삶는다.

2023년 가을날 농부
이금호

차례

4_작가의 말

제1장 자연의 흐름

10_농사철
11_석양
12_예초기
13_낙엽
14_호박꽃
16_어둠 내린 길
17_볕이 들면
18_눈이 인간에게 하는 말
20_자연의 흐름
21_밤의 세상
22_장마
24_가을 항아리
25_가을이 익어 가면
26_어린 모
27_이팝나무
28_가을 정취
29_가을이 주는 의미
30_호수
31_빗줄기
32_하얀 밤
33_목마른 고추
34_소라껍데기 속 가재
35_나뭇잎 소리

제2장 삶의 주춧돌

38_간이역
39_그리운 부모님
40_산골 밤
41_아내의 마음
42_먹이사슬
43_아비 맘
44_가장家長
45_나이든 아내
46_라면
47_울 엄마
48_두 여인
49_빈자리
50_성묘 길
51_내일을 그리다
52_어머니
53_눈이 날리는데
54_새해 해맞이
55_심사心事
56_그리움
57_고추
58_겨울에 피는 희망
59_커피
60_일상日常
61_정초기도
62_울 엄니 말씀

제3장 이름 지어진 사랑

66_이름 없는 꽃
67_시심詩心
68_내게도 사랑이 찾아온다면
70_노년의 여백餘白
71_그땐 몰랐다
72_돌팔이
73_이름 지어진 사랑
74_약사님
75_삐져나온 사랑
76_숙명宿命
77_원석
78_외톨이
79_심사心事
80_할미
81_멍든 꽃
82_지금
83_벌거숭이 나무
84_낮에 뜬 달
85_차마 말 못 합니다
86_입맛대로
87_사랑이란
88_물에 뜬 그림자
89_꽃씨 뿌린 날
90_사랑이 뭐 길래

제4장 해는 떴다 진다

94_등 넘어 눈 있다
95_빈 봉투
96_나머지 길
97_몽돌
98_끌려가는 낙엽
100_해는 떴다 진다
101_식사 모습
102_지구와 인간
103_답 없는 물음
104_바람 같은 인생
105_1도 의미
106_이력서
108_감사한 삶
109_중환자실에 핀 한 떨기 꽃
110_병실
112_주관主觀
114_맷돌
115_맹물
116_삶의 뒤안길
117_주유
118_표지 석
120_반칙
121_지금이라는 공간
122_나무의자
123_그림자
124_포장지
125_마음 감지기
126_코뚜레

127_퇴고 후기

제1장
자연의 흐름

농사철

이랴 쩌쩌 어서가자
소를 몰아 논갈이가 한창일 때인데

정겨운 농부소리는 다 어디가고
트랙터 기계음만 들판에 가득하다

저만치 논두렁이 기지개를 펴며
필요할 때만 찾아와 요란 떤다고 코웃음 친다

어차피 돌아가야 할 본향
질퍽한 논바닥이 발등을 간지럽히고

찌르르 찌 논둑 밑
이름 모를 풀 벌래 짝 찾아 울어댄다.

석양

태양이 떴다 조용히 눈을 감으면

인간은 어둠이 싫어 산을 내려가는데
짐승은 산이 좋아 산속을 파고든다.

또 하루 사라진 태양 뒤로
얼마나 많은 생명의 석양이 있었을까

끊임없이 떨어지는 폭포수
한 방울의 물이 물줄기로 잠시 보이다 사라지지만

아무도 물방울을 알려하거나
물거품의 침몰을 서러워하지 않는다.

쌓여있는 수많은 노을의 시체 뒤로
태양이 나를 보내는 날 저들은 석양이라 한다.

예초기

위잉 윙 시퍼런 칼날이
두 눈 부릅뜨고 돌며 허기진 배를 채운다.

오선지를 타고 흐르는 먹물은 살갗을 삐져나온 선혈이거든
굶주림에 썩은 고기를 찾아 헤매는 하이에나의 먹잇감이
되고 말았다

차라리 썰렁한 구들장에 찬바람만 분다 해도
지독한 냄새로 사라질 독사 혀 놀림의 들러리는 아니다

홀딱 벗은 밥상에 숟가락 하나 더 걸치지만
그렇다고 부패한 고기들의 춤사위에 놀아나긴 싫다

위잉 윙 예초기는
아직도 더 채워야 할 것이 남았는지 쉼 없이 돌고 돈다

낙엽

각본 없는 현란한 춤사위
요리조리 바람에 뒹구는 낙엽 한 무리

발그스레한 앳된 낙엽
노랗게 치장한 찢어진 낙엽
연분홍 입술 그리다 만 낙엽

타고난 성품의 차이를 넘어
온갖 아픔을 견디고 살아남은 보상인가

아니면 연륜이 준 앙상블인가

애당초 같은 파란 잎이 아닌
서로 다른 모습으로 물들어 간다.

구멍 난 낙엽이 세속을 초월한 듯
씽긋 윙크하며 속삭인다.

늙고 떨어지는 게 결코 슬프지만 않다고

호박꽃

호박꽃이
상큼하고 예쁘게도 피었네.

하늘 향해 두 팔 벌려
생글생글 웃는 모습이 너무 곱구나

누가 호박꽃을 못난이라 했던가.
저리도 아름다운 꽃을

이슬 한 방울 바르고
수줍은 얼굴 내민 호박꽃

저 호박꽃도
촉촉한 이슬 걷히면

벌 나비가 날아와
달콤한 사랑에 빠지겠지

꽃이 떨어지는 아픔을 견디고
사랑의 결실인 호박이 열리면

인간의 먹이가 되어
잠시 인간으로 머물다 다시 가겠지

호박꽃
넌 그냥 꽃이 아니구나.

어둠 내린 길

어스름 어둠이 내린 길
빈 몸으로 혼자 걷는다.

낮의 소란은 다 지고
만물은 쉴 자리를 찾는다.

하나 둘
문 틈새로 눈 뜨는 불빛

겨울을 지피는 굴뚝연기
산모퉁이로 피어오르고

먼 곳 개 짖는 소리
피곤한 마을의 적막을 깨운다.

볕이 들면

수줍은 새색시처럼
볕이 가만가만 마당에 내리면

볕은
연두색 물감을 대지로 쏟아내고

세월 한 짐 더 얹은
육신은 멀건 신음을 토한다.

볕 창살에 갇혀 밖을 내다보지만
돌아오는 건 말 못할 긴 외로움뿐이다

볕이 든 곳은 시간이 더 지나면 응달로
그림자 진 곳은 양달이라 부르겠지

초롱 한 눈망울 눈물가득
엄마 찾는 아기노루 울음소리

발악하는 욕망을 삭힌다.

눈이 인간에게 하는 말

난 그냥 눈이야
추워서 비가 눈이 된 것뿐

나를 보고 뭐라고 하든 너희들 마음이겠지만

흰 떡가루 같다 아이스크림 같다

내가 오는 날
첫사랑이 생각난다, 사랑에 빠지고 싶다

그러지마 난 그냥 눈이라서 춤추며 날린 거야

어떤 인간은
나를 깔아뭉개고 둘이 붙어 별짓 다 하더군
그렇게 좋으면 너희 방구석에 가서 해

좋게 놀면 누가 뭐라고 하나

나를 쿡쿡 뭉쳐
이리 던지고 저리 던지고 제발 그러지 마

그래도 자기들 닮은 인간상을 만들면 양반이지

뽀드득 뽀드득 소리 좋다며 신나할 때
난 발아래서 아픔을 참아야 해

난 눈이라서 잠시
인간 세상의 더러운 구석을 덮어주고

혹시 너희들이 놀라고 다칠까 봐
소리 없이 사뿐사뿐 내린 거야

제발 부탁한다
날 그냥 눈으로 내버려 둬

자연의 흐름

겨울이 발광한다

눈가루를 뿌려 백색 분장하더니
동장군을 불러 슬로 스텝을 밟는다.

발악하는 겨울을 배웅하려는 듯
저만치 봄이 생긋 웃고 있다

슬픔이 밴 의자 뒤로
벅찬 환희의 그림자가 손짓 한다

흰 눈은 작은 자극에도 쉽게 흔적을 남겨
아무리 숨기려 해도 행적이 드러난다

마음이 저 흰 눈 같다면
온갖 허위 가식 위선은 줄어들겠지

겨울을 보낸 봄 역시
여름에게 자리를 내어주고 멀어진다.

밤의 세상

갓 피어난
새싹처럼 정갈한 밤하늘

손에 잡힐 듯
반짝이는 별 무리들

저 멀리 별똥하나
또르르 재주넘는다.

밤벌레의
부스럭거리는 소리

바람에 장단 맞춰
춤추는 여린 풀잎들

그칠 줄 모르는
귀뚜라미의 불협화음

졸린 눈을 비비며
하품하는 가로등

인간은 멈춘 밤
또 다른 세상이 있다

장마

요리저리
흔들흔들 살랑살랑

어서 와
날 잡아 잡수세요.

요염한 자태를 뽐낸다.
슬슬 마음이 동한다.

눈에 광기를 발하며
마른침을 삼킨다

도둑고양이
살금살금 다가선다.

이미 몸뚱어리는
활활 타고 있다

몰캉몰캉
촉감이 보드랍다

거친 숨을 내뱉으며
주둥이를 내민다.

오랜만에
국물까지 포식이다

자연 속 미물인 인간
긴 장마에 놀아나고 있다

가을 항아리

가을이 익어간다
삶아진 마음이 쉽게 물든다.

브레이크 잃고
질주하는 태초의 본능

가을은
내 안에 깊숙이 쓰려진다

눈 뜬 자와 감은 자가 다 한통속

짙은 립스틱 물고
하얀 눈 흘기며 돌아선다.

술 익은 장독 뒤로
주정뱅이 다람쥐 날뛰고

주인 잃은 탁주 사발
뒤꼍 선번위에 잠들어 있다

가을은 또
낯선 항아리에 가두려나 보다

가을이 익어 가면

햇볕이 툇마루를 찾아 들고
바람은 창문을 흔들고 가는데

멀쩡한 가슴이 운다.

색시 부르는 수탉 울음
이차선 도로 자동차 달리는 소음

산등선 넘어 골목길로 들어서고
찬 서리 코털에 앉아 잠드는데

댕그랗게 혼자 운다.

하늘이 파란 물감을 쏟아 붓고
황금들판이 이별 준비에 바쁘면

실컷 울어도 좋으련만

마른 가지에 매달린
물든 잎사귀 부르르 떨고 있다

어린 모

모네기 한 논에
두둥실 떠다니는 어린 모

안타까워 조심스럽게
다시 제자리에 심어 준다

질식사할 뻔했다며
어린 모가 큰절을 한다.

뒤돌아서 가는데

왜 살려준 거냐며 의아해 해서
귀엽고 예뻐서 그런다 하니

두 눈망울을
천진스럽게 굴리던 어린모

바람 물이 인간이 되고

인간이 다시
바람 물이 되는 굴레를 안다는 듯

작은 입술을 삐죽 내민다.

이팝나무

하얀 쌀가루를 머리에 이고
허기에 찌든 이들 달래준다

이 꽃 저 꽃 아양 떨 때
쥐 죽은 듯 가만히 있더니

흰 면사포를 쓰고
새색시 수줍은 잔치 벌였다

인간 탈을 쓰고
광란의 춤추는 허깨비 무리

눈처럼 시린 순한 꽃

세파에 목마른 이들
이팝나무 가랑이를 끌어안고 있다

가을 정취

조잘조잘
뱁새 때가 새벽을 부른다.

살갗을 스치는 바람에
집 나간 본심이 찾아들면

노랗게 물든 벼 이삭
부끄러워 고개를 숙이고

덜컹거린 화물차 소리
동녘의 적막을 깨운다.

말랑말랑 묽어진 마음
세속의 장막이 벗겨져 나가고

흰 두루마기 조각구름
뭘 안다는 듯 길잡이 자청하지만

놀란 고라니 눈망울에
가던 발걸음 돌아선다

가을이 주는 의미

가을은 열매를 맺어
결실의 계절이라 하지만

열매는 자기 생을
마감하는 슬픈 계절이기도 하다

가을은
한해를 내주기 위해

저마다 한 움큼씩 쥐고
줄지어 기다리는 계절이다

어쩌면 울긋불긋 물들어
사라지기 전의 마지막 모습이

영원 할 수 있다면
파란 단일 색 보다 더 좋을지 모른다.

호수

잔잔한 호수
평화로 가득하다

산 그림자도
꽃 그림자도 호수에 뜬다.

산새 소리도
노루 소리도 호수 품에 잠긴다.

바람이 일어 일순간
호수의 평화는 깨지고

장난삼아 던진 돌에
또 한 번 호수는 출렁 인다.

호수는 가만있고자 해도
그냥 놔두지 않는다.

출렁거린 풍파는
어쩌면 호수의 존재 이유기도 하다

할 말 잃은 바람이
익숙하게 호수로 파고든다.

빗줄기

날리는 빗줄기를 본다.

통 체로 쏟아지지 않고
빗줄기 사이사이 빈틈이 있다

비는 빗줄기 전에 빗방울이다

방울방울 줄지어
떨어지면서 빗줄기로 보인다.

신기하게도 저 높은 곳에서
떨어지는데 아프지 않게 내린다.

비처럼 우리 삶도 틈이 있다면
세상은 지금보다 달라지겠지

비는 나를 적시고 대지로 줄지어 흐른다.

하얀 밤

밤은 노릇노릇 익어가고
말똥말똥 두 눈은 한낮이다

해야 할 일도
잡아끄는 생각도 없이

도랑가 돌멩이 틈에 뒹군다.

눈 감은 자와 눈 뜬 자
무엇이 같고 무엇이 다를까

천장에 놀던 잠자리 한 쌍
회초리 들고 달려든다.

목마른 고추

저 고추는
가만있고자 해도 그냥 두지 않는다.

비가 오면 비에 젖고
바람이 불면 온몸이 흔들린다.

잘 익은 고추는
고개 숙이고 말이 없는데

어중간하게 익은 고추는
고개 쳐들고 흔들어댄다

잔디밭에 귀한 대접 받는 잔디
고추밭에서 잡초 되어 천대 받는다

우두둑 비오는 소리
목마른 고추 잠 깨겠네

소라껍데기 속 가재

독수리 발톱처럼 본마음을 숨기고
번지레한 껍데기만 보인다.

사실 있는 그대로
어찌 다 표현할 수 있겠냐마는

세속의 허물을 벗어던지고
속 시원하게 내뱉으면 안 되는 건지

어차피 자기로 인해
자기 이외 것이 존재하거늘

적어도 소라껍데기 속 가재처럼
거꾸로 가는 시계는 되고 싶지 않다

한 개라도 더 팔려고 애쓰는
노점상 할미의 간절한 눈빛이

죽비가 되어
가는 봄날의 졸음을 깨운다.

나뭇잎 소리

사부작사부작
바람에 부딪치는 나뭇잎 소리

큰 나무도 작은 나무도
꽃 피는 나무도 꽃 없는 나무도

제식훈련이라도 하듯
일률적으로 바람에 따라 출렁인다.

한 곳에만 뿌리내리고
평생을 살아야 하는 나무

한 발자국이라도
걸어보고 싶지 않을까

미친 듯 돌아다니는
발정난 변견이 부럽지 않을까

사부작사부작
바람은 또 나뭇잎에 분다.

제2장

삶의 주춧돌

간이역

인생의 간이역에 내려
거울 속 자신을 본다.

어쩌다 세상에 온 걸까
왜 이 모습일까

혹시 살아 온 길이 이미
정해져 있던 것은 아닐까

아무리 발버둥 쳐도
갈 수밖에 없는 길일까

거울 속 자신과
긴 눈싸움에 이슬이 맺힌다.

간이역을 툭 털고 일어나
하나 둘 떨어지는 꽃잎을 보며

서럽도록 슬픈
이별에 익숙해질 연습을 한다.

그리운 부모님

풀은 다시 돋고
새는 돌아와 울건만

한번 가신님은
돌아 올 줄 모르니

처절한 비통함
폐부를 타고 멍울져 맺힌다.

하얗게 밤을 새워
가슴 쓰린 슬픔을 견디어야 한건

온전히
먼저 보낸 자식의 몫이다

한철 달콤한
사랑에 빠진 꽃잎이

봄의 꼬리를 물고
소리 없이 흩어져 날리면

애절한 그리움
훨훨 춤사위로 피어올라

찬란한 빗물 되어
아린 가슴에 흘려 내린다.

산골 밤

어둠이 내려 대지는 침묵하고

피곤한 농부를 불러 들이면
하얀 불빛이 담장 넘어 새어 나온다.

낮의 소음은 밤 품속에 묻혀
흔적만이 홀로 외롭다

자연은
지친 인간을 말없이 끌어안는다.

허튼 욕망에
만신창이가 되어도 묻지 않고

그냥 가만히 안아 준다

다 차지 못한 달님이
별빛 사이로 눈인사를 보내고

실바람이 옷깃을 파고들어
아린 가슴을 살포시 부비고 간다.

아내의 마음

별로 마음에 두지 않았다

어디서 뭣하고 이제 오느냐 따지듯 묻는 게
걱정해서 하는 사랑이란 걸

이것저것 참견하며 트집 잡는 듯 간섭하는 게
하나하나 놓치고 싶지 않는 가슴 저린 사랑이란 걸

한 눈 팔거나 허튼 짓을 하면 화를 내며 질투하는 게
그 사랑을 지키려는 애절함이란 걸

별 일도 아닌 것으로 투덜대고 짜증부리는 게
자상하게 챙겨주고 사랑을 갈망하는 마음이란 걸

무심코 지나친 작은 일에도 토라지고 심통 부리는 게
가늘게 주름진 사이로 깊게 흐르는 거부할 수없는 절실한
사랑이란 걸

바보처럼 크게 마음에 두지 않았다

해는 서산으로 기울고
그 사랑은 지울 수 없는 한이 되어 멍들었다

까맣게 타버린 가슴 어찌 다 씻으리오.
먼 산 아지랑이 방울방울 아롱져 눈가를 적신다.

먹이사슬

별 생각 없이
수많은 생명체를 죽이고

그것도 모자라 그 시체를 먹는다.

채소밭에 멀쩡한 상추를 죽여
맛있다고 싸 먹고

윙윙거린 파리를 잡아
그 시체를 옆에 두고 함께 잔다.

곱게 키운 닭 모가지를 비틀어
기름에 튀겨 먹고

무심코 걷는 발에 밟혀
죄 없는 개미 몇 마리가 즉사 한다

얼마나 많은 생명체를 죽이고
시체를 먹게 될는지

또 우린 어떤 먹이 감이되어
잠시 머물다 어디로 갈는지

팔랑개비는
미풍에도 쉼 없이 돌고 돈다.

아비 맘

세파에 찌들어도
독한 고량주에 취해도

삐지고 나오는 서러움

밟아도, 밟아도
기어이 고개 내미는 슬픔

내리 사랑이라 했던 가

자식의 아픔에
아비 가슴 다 뭉개진다.

엉엉
소리 내어 울지 못하고

누가 볼까
밤새 베개에 젖은 눈물

구름은 알려나.
바람이 알려나.

또르르 뚝 뚜 욱
수도꼭지 고장 났다

가장家長

마을 어귀에
우뚝 선 장승이련가

무거운 지게
등에 지고 뚜벅뚜벅 걷는다.

비바람이 불어도
눈보라가 몰아쳐도

쉼 없이 걷고 걷는다.

동반자 지팡이 애타하지만
지게를 질 이는 온전히 가장 몫

벗어나고 싶다고
벗어나려 해도 벗을 수 없는 짐

그 짐은 오히려
가파른 인생길 버팀목이리라

길모퉁이 장승 탈을 쓴 가장
세찬 바람에 맞서 묵묵히 걷고 있다

나이든 아내

파릇파릇 새싹은 돋아나고
따스한 바람 돌아와 볼을 스치건만

어찌하여 그리 시들어 떨고 있나요

처음 오시던 그날처럼
뒷산은 그 자리 그대로인데

새색시 곱던 얼굴은 어디가고
새치머리 날며 왜 그리 추워하시나요.

뉘라서 그길 피해 갈 수 있으리오.
미여지는 가슴 차라리 꿈이라면 좋겠소.

힘겨운 멍에를 뒤집어 쓴 죄인은
복받치는 설움에 울먹이지만

이미 타버린 가슴을
어찌 되돌릴 수 있겠소

아, 정녕 미리 알면
안되는 게 인생이란 말인가

라면

출출해 라면을 끓이려고
멸치를 찾으니 다 떨어져 밴댕이 몇 마리를 넣는다.

옆에 있던 고추 계란이
동행을 자청하며 투정부려

고추야 넌 팍 쏘고 성질 까칠해서 안 돼 하니
톡 쏜 맛도 있어야 한다며 하도 때 써 한 개만 넣어주고

얌전히 기다리던 계란은 귀여워 두 개 넣었다

가만히 구경하던 얇게 썬 가래떡이
마른 침을 삼키며 나도 나도 해서 한주먹 같이 했다

구슬땀 흘린 맛깔스러운 라면
입안이 오랜만에 호강 잔치한다.

울 엄마

태양은
구름 안일 때나 구름 밖일 때나

구름이
비가 되 든 눈이 되 든

늘 그대로 태양이 듯

방 안에서 자든
방 밖에서 자든

항상
그 자리에서 싱긋이 웃으시며

이불 갖다 덮어주시는
울 엄마가 참 좋다

두 여인

어떻게 일을 그리 잘 하느냐
네가 하는 일이면 무엇이든 잘 된다

처음 지어본 고추밭에
빨갛게 잘 익은 고추를 따 들고 오니

어머니께서 하신 말씀이다

아니 여긴 흙이 좀 있고
저긴 퇴비가 모자란 것 같아요

아내가 꼼꼼히 따져 보고 한 말이다

어머니의 눈에는 작고하신 아버지 뒤를 이어
집안일을 도맡아 하는 자식이 대견해 보이실 거고

아내는 현실을 보고 한 말이다

빈자리

해는
뜨고 지고 늘 변함없건만

그 속에 갇힌 인간은
꿱 소리 한번 못하고 끌려간다.

저 다 떨어진 자동차는
가다가 후진도 잘 하는데

도도한 세월은
되돌아오는 길을 지워버렸다

여기 서 있는 자리
태초부터 그 자리 그대로 이건만

그 자리에 놀던 인간은 흔적 없다

나도 잠시 주인 행세하다
언젠가 바람처럼 흩어지겠지

성묘 길

정말 텅 빈 깡통인가
아니면 또 다른 뭔가 있는 건가

그 실체는 가셨으나 꿈속인양 아련하다

물줄기는 폭포수를 향해 흘려 가지만
떨어질 것을 염려하지 않듯

두발의 그림자 낭떠러지를 향해
뚜벅뚜벅 줄지어 빨려간다

하룻밤 풋사랑이라 우긴다 해도

여기 두발의 의미를
결코 뜬 구름이라 하지 않는다.

알아도 그만 몰라도 그만 휩쓸려가는 한 조각

핫바지에 바람 빠지듯
다 사라지고 잡히는 건 무일푼이다

우연히 돌아본 지나온 길

판박이처럼 되새김 하고 있어
소스라치게 놀라 삼십육계 줄행랑쳤다

내일을 그리다

좋은 목재라도
목수에 따라 쓰임이 다르고

예쁜 꽃이라도
가꾸는 손길에 따라 달라지며

좋은 인재라도
성장과정에 따라 그 인생이 바뀐다.

우연이든 필연이든 만남은 온다.

어떤 사람을 만나느냐 도 중요하지만
어떻게 그 만남을 이어가느냐 도 중요하다

인간관계는 관심에서 시작하여
관심으로 유지되다 관심이 식으면 끊어진다.

행복과 불행은 동전의 양면 같아서
뒤집어 보느냐 그냥 보느냐의 차이이다

또 어떤 날이 기다리는지
설레는 마음으로 내일을 그려본다.

어머니

육신은 점점 약해져
정신마저 잃어 가지만

자식에 향한 본능적 사랑은
치매마저 비켜간다

일하면 다칠까
운전하면 사고 날까

조심해라
조심해라

뭘 먹어도
더 먹어라 많이 먹어라

입에 달고 하신다.

아무리 고통스럽고 힘들어도
뭐가 그리 좋으신지

자식만 보면
아이처럼 환하게 웃으시던 어머니

어머니
보고 싶습니다.

눈이 날리는데

어둑어둑
어스름 길에 눈이 날린다.

사방은 고요한데
산에도 들에도 눈이 날린다.

한잎 두잎 날리는 눈은
온 세상을 하얗게 덮는다.

어릴 적
눈 맞고 뛰놀던 자리에

지금도 눈이 날리는데

그들은 다 어디가고
나만 홀로 눈을 맞는다.

새해 해맞이

매서운 바람에
두발을 동동 거린다

후 입김을 불어 언 손을 녹인다.

번뜩이는 눈망울이
뚫어지게 한 곳만 응시 한다

마침내 선혈을 토하며
붉은 핏덩이가 솟아오른다.

순간 반사적으로
잘 익은 이삭이 되어 머리를 떨군다.

로봇의 외침인가
의미 없이 혼자 가만히 외친다.

인간다운 인간이 되고 싶다고

더도 말고 덜도 말고
그냥 인간이면 된다고

잔잔한 울림은 허공에 여울져 간다.

심사心事

내 새끼 입에
밥 들어 간 것만 봐도 배부르고

내 논에
물들어 가는 것만 봐도 배부르다

삽자루 흔들며
벼 이삭 합창하면

집 나간 자식
대문 고리 흔들어 돌아온다.

그리움

또르르
흘려 내리는 마음하나

샘물처럼
솟구치는 투명한 이름

말하지 않아도
애써 내보이지 않아도

슬금슬금
온몸을 다 적신다.

차마 넘기지 못하고
목에 걸려 발버둥치는 건

그리움이련가
그리움이련가

고추

고놈 고추 참 실하게 잘 생겼다
대를 이을 손주를 안은 할미의 손길이 호기롭다

땡볕에 주름살 가득 할미는 쪼그라드는데
빨간 연지를 물고 고추가 토실토실 곧게 서있다

때깔 좋게 잘 익은 고추 어느 입속으로 팔려갈지 몰라
초점 잃은 두 눈에 이슬 맺힌다

오장육부에 매운맛을 보여 찌든 번뇌를 태워줄까
세상 바퀴를 거꾸로 돌려 콧대를 꺾어 놓을까

할미는 넋 놓고 손주 단꿈에 취해있는데
인간의 세포로 환생할 고추는 깊은 선정에 들었다

겨울에 피는 희망

하얀 눈이 쌓인
나무가지 끝에 새순이 돋고

꽁꽁 언 땅속에도
어린 새싹이 자라고 있다

저 여리고 여린 새싹이
모진 한파를 어찌 홀로 견디어 냈을까

눈이 오면 눈을 이불삼고
찬바람이 불면 바람을 친구삼아

역경을 즐기며 왔다 말 한다.

커피

후후 따끈한 커피향이
손끝을 타고 온몸을 달군다.

찌릿
말초신경이 반응한다

동공이 확장하고
콧속 섬모가 엇박자 춤춘다.

이내
가쁜 숨을 몰아쉬며 속삭인다.

그대와 난 한 몸 어서 나를 가져요

보드라운 입술을 들이 댄다
못 이긴 척 살짝 깨물어 한입 삼킨다.

멀건 열기가 목젖을 타고
내장을 휘돌아 깊숙이 흘려든다

아, 알 수 없는 신음을 토한다.
그렇게 커피와 난 한 몸이 된다.

일상日常

먹을 수 없어
창자가 말라 눈앞이 노랗고

발등이 찍혀
피가 철철 흘러 내린다.

반복되는
가슴 저린 일상의 소중함

때 이른
낙엽으로 끌려가는 한 인간

까맣게 타 들어가는
눈가를 적시며 절규 한다

나는 아니야
나만은 아니야

흰 가운 뒤로 불길은 어김없이
그 절규를 씹어 삼킨다.

언제 그랬냐는 듯 또 다시
몽환 속 발 밑 돌부리에 놀아나고 있다

정초기도

가파른 산길
터벅터벅 걷는 무언의 행렬

거친 숨소리
육수는 대구루루 대지를 적신다.

간절한 지극정성
눈물 되어 뚝뚝 등 뒤에 흐른다.

무엇 때문에
누구를 위하여

단지 정상을 이탈하지 않음이
다행임을 알기에 기를 쓰고 오른다.

한 무리 뭉게구름을 넘어

한없이 나약한
인간의 순박함이 거기에 있다.

울 엄니 말씀

애비야
하늘이 시키는 대로 해라

그동안 미루었던 농약을 치려하니
비가 내려 난감해하는 나를 보고

울 엄니 하시는 말씀이시다

사람들 눈 밖에 나지 않게 항상 몸가짐을 조심해라
개미들이 장 보려 가는지 징 하게 많네.

울 엄니의 평생 몸에 밴 말
듣고 있으면 달착지근한 맛에 빠져든다.

제3장

이름 지어진 사랑

이름 없는 꽃

순박한 꽃 한 송이
빨간 부끄러움 물고 예쁘게 피었네.

산들바람이
머리카락을 흔들어 취한 졸음을 쫓고

하얀 속살이
천진한 아가 미소로 타 오른다

숨통을 조이는 세파마저
지레 겁먹고 꽁무니 빼면

주름살 뒤집어 쓴 거죽은
앵두 빛 여성스러움에 묻히고

질펀한 외줄놀이
해는 서산으로 빠지는데

낙화를 망각한 이름 없는 꽃에게
파르르 가슴 조이며 밀봉한 사랑을 쓴다.

시심詩心

구명 난 문틈으로
찬바람이 줄지어 순회하고

천장 뚫고 서생원이 면회와
먹다 남은 찬밥에 입맞춤 한다

나풀거린 벽지 춤사위 따라
가로등이 까만 욕망을 쫓으면

헐거운 낡은 옷을 겹겹이 뒤집어써도

뒹구는 바람 사이
영롱한 빛이 늘어진 하품을 한다.

일부러 애쓰지 않아도
온몸이 초롱초롱 이슬로 빛나

만삭의 개살구 저절로 터져 흐르듯
맑은 영혼이 뚝뚝 사랑채에 머문다.

내게도 사랑이 찾아온다면

그럴 리 없지만

소식 없이 수북이 내린 첫 눈처럼
내게도 슬며시 사랑이 찾아온다면

그 사랑은 아무렇지 않게 언제든 꺼내 볼 수 있는
핸드폰 같은 사랑이었으면 좋겠어.

시시콜콜한 얘기를 해도 즐겁고
기식 없이 속에 것 다 털어내도 좋아

세상이 막걸리 한 사발에 취해
내게도 짜릿한 사랑이 찾아와 노크한다면

툇마루에 마주앉아 막 끓어온 따끈한 커피를 마시며
사부작거리는 바람소리에도 가슴이 뛰는 사랑이면 좋겠어.

운명의 신이 잠시 한눈팔아
내게도 포근한 아랫목 같은 사랑이 와 준다면

말하지 않아도 서로의 마음을 느낄 수 있고
들꽃 같은 순박하고 꾸밈 없는 사랑이면 좋겠어.

시계 바늘이 거꾸로 돌아
내게도 꿈같은 사랑이 찾아 준다면

방에도 마당에도 온통 사랑으로 가득 채워져
그래도 내 인생은 살만 했다고 그렇게 쓸 수 있었으면
좋겠어.

노년의 여백餘白

시들어 비틀거린 걸음
영롱한 사랑 불씨 하나 가슴을 태운다.

진한 화장발 위로 드러난 잔주름
세치 속 감흥 못 이겨 어색한 몸을 흔들어 댄다.

인생 졸업 그게 무슨 대수냐며
한잔 술에 취해 벌 나비 꽁무니 쫓는 노심

겉포장은 퇴색되었을 뿐
너나 나나 운전수는 언제나 청춘

불속으로 뛰어드는 나방의 군무
찬란한 인생 졸업식에 풍악소리 요란하다

그땐 몰랐다

툭 옆구리를 스치며 지나고
알 듯 말 듯 주변을 서성거리는 게

관심이이라는 걸 그땐 몰랐다

때론 혼자 삐죽 토라지고
별일 아닌 일로 심술부리는 것이

사랑이라는 걸 그땐 몰랐다

사랑이 보자기에 싼
특별한 보물인 줄 알았던 나

한 입 베어 문 상큼한 사과의 단물처럼
풋풋한 사랑이 침샘을 자극하지만

어쩌면 긴 시간을
덜 익은 사과로 남을지 모른다.

돌팔이

잔잔한 호수에 돌멩이를 던지면
동그라미를 그리며 출렁인다.

작은 돌을 던지면 작게
큰 돌을 던지면 크게 반응 한다

인간 역시 싱겁게 관심주면 미지근하게
뜨겁게 자극하면 화끈 달아오른다.

금은보화가
마음속에 있다한들 뉘라서 알리오.

싫어 안돼요
그래도 계속 돌을 던지는 저 인간

던질까 말까
폼만 잡는 돌팔이 싱긋이 웃고 있다

이름 지어진 사랑

만약 사랑이란 이름을 앞세워
누군가를 사랑하게 된다면

그 와는
상관없는 순전히 내 문제이다

길섶에 핀 꽃은
벌 나비가 오든 말든 그 꽃이다

어쩌면
누군가에 의해 이름 지어진 사랑이

본래 자기 집을 찾은 것일 테니

한동안 반복되는 일상을 망각한 채
빨간 발자국을 일기장에 새길 것이다

호박꽃은 좋아하든 싫어하든

아침에도 호박꽃
저녁에도 호박꽃이다

약사님

약사님
혹시 사랑하고 싶을 때 먹는 약 있나요

더도 말고 덜도 말도 딱 한 알만 주세요.
사랑 맛이나 한번 봅시다.

그 값은 특별히 두 곱으로 쳐드리리라

약효가 즉발이고 맛이 좋으면
단골도 되어 드릴게요.

덤으로 보고 싶고 그리울 때
먹는 약도 같이 넣어 주세요.

삐져나온 사랑

바지 주머니에 두 손을 쑤셔 넣고
고개를 반쯤 숙이고 걷는다.

가끔 스치는 바람이
볼을 쓰다듬고 갈 뿐

길 잃은 침묵만이 홀로 웃는다.

툭, 덜 익은 낙엽이
뒤통수를 치고 떨어진다.

잠바 속주머니에 숨겨둔
사랑이 삐쭉 고개를 내민다.

너 하필 이때 왜 그러니

죄 없는 낙엽에 헛발질
어색한 마음을 얼른 지운다.

헐렁한 바지를 추켜 입으며
박자 없는 휘파람을 불지만

왜냐고 묻는 이 없고
누구도 알려고 하지 않는다.

숙명宿命

떠날 때
떠나는 걸 알고 있다면

아직 마음이 거기에 있고

떠날 때
떠나나는 것마저 모른다면

이미 마음마저 지워져
기다려도 헛수고 다

붉은 심장이 밤새 밀려와

고독을 삼키고
하얀 그리움을 토해낸다

세월의 벽 뒤에
아련한 아픔이 매달려 떨고

무심한 태양은
또 하루 생명줄을 태운다.

원석

투박하고
다듬어지지 않아도

원석 그대로가 좋다

어딘가 서툴고 어색해 보여도
생긴 그대로가 좋다

어설픈 치장으로
눈가림하는 것보다

가식 없는 맑은 그대로가 좋다

어느 날 문득
사랑에 눈이 먼다면

그 사랑도 그랬으면 좋겠다.

외톨이

독야청청 한다고
오리가 닭이 되지 않고

요란을 떤다고
닭이 오리가 되지 않는데

왜 저 과부댁은
철따라 시린 가슴 부여잡고

멍하니 뜬구름만 바라볼까

인간의 오감이
세상의 틀과 무관하지 않는 것을

탓해 무엇 하리오

심사心事

햇볕에 생선 말리듯
인간들 줄 맞춰 늘어져 있다

순간순간 의미 없어 보이지만
모두가 그리운 삶의 흔적들이다

그냥 인간스런
사람 냄새가 무척 그립다

시커멓게 탄 심장이
하얀 바다를 갈아 마시고

취기 잃은 바람에 실려
속내는 한 꺼풀씩 벗겨진다.

감싼 찻잔의 온기에 매몰되어

죄 없는 아지랑이
나풀나풀 저 홀로 엇박자 춤추고

바람이 불어도 바람이 불지 않아도
싸하니 가슴이 아린다

구름이 속삭인다.
곧 비가 되어 갈 것이라고

할미

퇴색된 겉모습
멈춰버린 주인공 발걸음

일말의
가능성마저 사라진 텅 빈자리

할미의 순박한 눈동자 위로
젊은 날의 아련함이 맺혀있다

하얀 파마머리 곱게 그린 주름살
새빨간 욕망만이 시들지 않고 타고 있다

할미의 천진한 미소가
찬바람을 타고 빈 하늘에 물들어간다.

멍든 꽃

붉게 물든 선혈이
뚝 대지를 삼킨다.

하늘을 까맣게 태워
잿빛 먹구름이 춤추고

바람은 댕그랗게 매달려
꽃잎을 흔들어 울린다.

깊숙이 박힌 녹슨 못하나
탈출하지 못한 사랑이 침묵하고

때늦은 아픈 상처에
벙어리 된 가슴 고개 떨군다.

눈먼 돌멩이도 다 알건만
어찌 그리도 몰랐던고

길모퉁이 한구석에
끝내 피어있는 멍든 꽃 한 송이

긴 한숨을
몰아쉬며 어색한 몸을 기댄다.

지금

갓 돋아난 새싹이
낙엽으로 질 것을 두려워

뒷방에 지금을 가둘까

시간이 산허리로
달아나는 것을 망각하더라도

꽃이 시들어
사라지는 것까지 다 삼키련다.

투박한 생각의
계산기에 길들어져 있는 발길

사랑의 세탁기에 씻어내어
지워지지 않는 향기를 남기고 싶다

벌거숭이 나무

발가벗고
알몸으로 서 있는 나무

안쓰러워 쳐다본다.

부끄러워요
홍조 띤 수줍은 미소

우리네 인생이 저럴까
눈을 떼지 못 한다

몇 안 남은 잎사귀로 가리며
자꾸 보면 화낼 거요

속마음을 들킨
나를 닮은 것 같아

낙엽 진 벌거숭이 나무와
한참을 눈 맞춤한다.

낮에 뜬 달

해는 중천인데 아직 떠 있는 달
뭐 그리 미련이 남아 가지 못하고 있나

가는 세월 붙잡고
애원하는 모습 안타까워서 일까

가신님 그리워
잠 못 드는 심정 달래 주려서 일까

졸린 눈 비벼대며 낮에 뜬 달
뒷산 마루에 애처롭게 걸려있다

차마 말 못 합니다

빈 가슴에 돌팔매로
사랑의 소용돌이 일으킨다면

기꺼이 그 돌멩이 맞으리라

잠든 영혼에
사랑의 불 피워 하얗게 태운다면

기꺼이 그 불길에 다 태우리라

사랑이라
말하면 달아날까 봐

차마 사랑이라 말하지 못 합니다

입맛대로

뻐꾹뻐꾹
구슬프게 울어 댄다

가신 님 못 잊어 우는지
지는 봄이 아쉬워 우는지

뻐꾸기
우는 사연 누가 알리오.

뻐꾹뻐꾹 뻐꾹새
밤을 다 지워 울지만

듣는 이는
자기 입맛에 맞춰 듣는다.

사랑이란

사랑도 라면처럼
사랑하고 싶을 때 언제든 살 수 있다면

사랑도 커피처럼
자판기에서 멋대로 뺄 수 있다면

사랑이라 할 수 있을까

사랑하고 싶은데
마음대로 할 수 없고 되지 않아

사랑 맛이 나고
사랑이라 하지 않을까

물에 뜬 그림자

꽃이 아름답게 보이는 건
꽃이 아름답기도 하지만

이미 꽃은
아름답다고 각인되어서 일거야

꽃은 가까이 가면 안 될
흉물로 익혀 왔다면 꽃을 보면 피하겠지

꽃에 빠지는 것도
그 꽃으로 인因하기도 하지만

스스로
그 함정에 빠져든 면이 더 큰 것 같아

영상 속 꽃을 봐도
실제 마음이 동하는 걸 보면

우린 얼마나 많이 허상을
진실인 양 속고 사는지 몰라

꽃씨 뿌린 날

남 속이고
등 처먹는 요물인 줄 알았는데

어찌 그리 고운 심성을 지녔소.

겉과 속이 다른
꼬리 열두 개 달린 여우인 줄 알았는데

어찌 그리 소녀 같은 감성이 살아 있소

간에 붙었다 쓸개에 붙었다
꽃뱀인 줄 알았는데

어찌 그리 한결같은 마음을 지녔소.

햇살이 눈부셔 좋은 날

그대 위해
양지바른 곳에 예쁜 꽃씨를 뿌리리라

사랑이 뭐 길래

절구통의 본성이
받아 담는 것이라 해도

귀청 떨어져라 울어대는
개구리의 천편일률적인 합창마냥

밥을 먹어도 사랑
죽을 먹어도 사랑

시도 때도 없이 사랑타령이니
하드디스크가 온통 까만 불이다

그 사랑 반의반만이라도 나눠 준다면

저 창고 구석에 처박혀 있는 절구대가
저토록 한심스러워 보이지 않을 것 같다

제4장

해는 떴다 진다

등 넘어 눈 있다

청송은 늘 그 자리에 서 있지만
해의 진행 방향에 따라 그림자는 변한다.

예쁘게 치장한 얼굴 뒤에 맨살이 숨어있듯
슬픔과 기쁨은 한 덩어리이다

누구를 좋아하는 마음도
더 깊은 곳에는 싫어하는 미음이 숨어있고

누구를 미워하는 마음도
뜯어보면 좋아하는 마음이 잠들어 있다

하는 일이 잘되어 보여도
언제 닥칠지 모를 어둠이 도사리고 있고

견디기 힘들고 고통스러워도
발아래 환희와 기쁨을 품고 있다

꽃이 필 때 꽃이 질 때
순간순간 얼마나 아름다운 가

모든 것을 다 알아야 행복하고
과일이 다 익어야 제 맛은 아니다

빈 봉투

새벽에 까치가 울더니
우편집배원 고물 오토바이가 봉투를 내민다.

겉은 멀쩡한데 텅 빈 봉투다
까치도 믿을 게 못 되네 괜한 영철동이에 발길질이다

그보다 더 좋은 소식이 어디 있어
찌그러진 양철동이가 입을 악물고 항변한다.

오감을 자극하고 탐욕 뒤에 감춰진 올가미

닭장에 모이를 받아먹던 병아리
다 자라면 날 잡아 먹으려고 동그란 눈을 흘긴다.

닭을 먹은 인간 역시
언젠가는 다른 무엇의 먹이가 되는 걸 아는지

때 맞춰 닭백숙 집에 번지레한 옷차림들 늘어섰다
닭백숙 옷이 먹으려나 보다

빈 봉투에 오색구름이 일어 산으로 간다.

나머지 길

여름을 보냈으나 더위는 보지 못했다
괴롭히던 더위 역시 삶의 귀객일 테니

쏟아지는 빗물을 아무런 반항 없이 받아 담는 양동이
솜씨 좋은 아낙네 앞치마엔 여인의 향기 진동한다.

현실의 때를 벗기려 흰 분가루를 칠 하지만
생명의 끈을 놓은 낙엽의 마지막 길은 갈지자 춤추며 간다.

출발선을 떠나도 답은 단 하나 나머지는 없다

이파리 한 장 없이 알몸으로 가는 자동차
주체 못한 본바닥이 걸망에 거꾸로 매달려 빠끔히 노려본다.

일부러 애쓰지 않아도 무르익은 홍시 절로 터져 흐르고
뜯겨나간 밥상엔 먹다 남은 김치 깍두기 싱겁게 웃고 있다

자기로 인해 자기 이외의 것들이 존재한다지만
버려진 쓰레기더미에 묻혀 주섬주섬 천 조각을 꿰맨다.

몽돌

반질반질
윤기 흐르는 해변 몽돌

얼마나 많은 세월을
서로 부대끼면 아파했을까

덩치 큰 돌이와 한방치고
지나던 돌에 무참히 밟히고

그만 하려나 했는데
날아온 돌에 또 한방 얻어맞고

하얀 속살을 내보이며 웃고 있지만
피를 토하는 아픔이 녹아져 있다

그만 할만도 한데
더 닦아야 할 게 남았는지

몽돌은 쉼 없이 구르고 구른다.

끌려가는 낙엽

바람에 밀려난
구멍 난 잎사귀가 끌려가듯 뒹군다.

온갖 치장이나
다른 무엇도 끼어들 틈 없이

오로지 낙엽 된 모습으로 대굴대굴 구른다.
차라리 그게 더 좋을지 모른다.

어떤 것에 파묻혀 망각한 채

시간의 물결에
휩쓸려 가는 것에 더 의미를 둘 수 있다

낙엽이 알고 가든 모르고 가든
어차피 뒹구는 것은 마찬가지다

낙엽이 되기 전
낙엽으로 갈 것을 염려하지 않은 것처럼

낙엽 앞에서 상념은 차라리 소용없는 짓이다

또 다시 새파란 잎사귀가 된다 한들
뭐 다를 게 있으리오.

사각거리며 구석진 곳으로 뒹굴던 낙엽이
헝클어진 머리카락을 매만지며 싱긋이 웃는다.

해는 떴다 진다

싸온 찬밥 한 덩어리를
허겁지겁 먹어치우는 노점상 할미

지팡이 하나에 온몸을 의자한 채
절뚝거리며 걸어가는 중년의 여자

책가방을 둘러맨 어깨를 들썩이며
무표정한 얼굴로 힘겹게 걷는 어린 학생

어떻게든 몇 년이라도 더 살아보겠다고
구슬땀을 흘리며 산을 오르는 희끗한 머리의 남자

인간은 땅속이 싫어 눈에 불을 켜고 애쓰는데
땅속이 더 좋다고 땅속을 파드는 동물

세찬 바람에 머리위로
헐거운 낙엽이 뒹굴며 날고

다가올 자신의 운명을 초월한 듯 수탉이
덥수룩한 깃털을 감싸며 햇볕을 이불삼아 졸고 있다

식사 모습

쭉 늘어선
식탁을 앞에 두고 마주 앉은 인간들

누구하나 헛손질 없이
부지런히 입속으로 음식을 담는다.

한동안
입의 규칙적인 상하 운동

입모양도 씹는 동작도
제식동작처럼 일률적이다

잘난 놈도 못난 놈도

박자라도 맞추듯
입에 넣고 씹고 삼킨다.

지구와 인간

지구는 왜 둥글고
가만히 있지 않고 빙글빙글 돌지

지구를 닮아서 일까

지구에 사는 인간 마음도 둥글고
가만히 있지 않고 시도 때도 없이 돈다.

만약 돌지 않고
제자리에 멈춰 있다면 더 좋을까

여전히
지구도 마음도 쉬지 않고 돌고 있다

단지 손에 쥐고 있는 것보다
쥐지 않는 것에 정신 팔려 느끼지 못할 뿐이다

답 없는 물음

동면의 긴 여운은
아직 산허리를 맴돌고 있다

매서운 추위 속
가늘게 뒹구는 시간 시체들

어설프게 쏟아낸
물감을 뒤집어 쓴 백지처럼

물음에 대한 조바심은

포장지로 묶고 묶어도
미세한 틈새로 삐져나온다.

잔잔한 물위에 뜬 그림자
실체인 듯 희로애락이 춤추고

밤하늘 달님이 싱긋이 웃으며
구름 속으로 자취를 감춘다

바람 같은 인생

시간을 죽이고 있다

할 일 없이
죽은 시간을 받아먹고 있다

몸은 생각에 따라 움직이지만
몸 상태에 따라 생각도 바뀐다.

환경에 의해 생각도 따라 가지만
어떻게 받아 들이냐에 따라 행동이 변한다.

만나는 사람에 따라 마음이 움직이지만
어떻게 대하느냐에 따라 관계가 바뀐다.

시간은 모든 것을 변화시키고 있다

시간은 또 나를 죽이고 있다

1도 의미

1도가 부족한 99도면
물은 끓지 않아

그건 누구나 다 알지

100도에서 1도가 내려가면
물은 식어

그건 알지만 별 관심 없어

일을 이룬 뒤
깨지는 것은 많은 것이 필요치 않아

단 1도면 충분해

이력서

빨간 두 줄이
철길처럼 길게 늘어져 있다

온통 쭉정이만 나풀거리고
알맹이는 보이지 않는다.

어쩌다 사바세계에 왔을까

잠시 일어났다
사라지는 물거품처럼

금이 간 이력서는
방울방울 뇌리를 스쳐 흐른다.

그나마 희미한 기록은
진한 빨간 립스틱 조각들 뿐

또 다시 시작한들
뭐 다를 게 있으리오.

타다 남은 잿더미 속
숯검정을 다 묻혀 뒤져도

담으려니
담을 수 있는 게 하나 없고

버리려니 모두가 이력서다

감사한 삶

세상의 큰 바가지에
댕그랗게 홀로 던져진 나

꿈틀거리고 보고 듣고 느낄 수 있어
얼마나 고맙고 감사한 가

물 한 모금 마시고 한숨 돌리니

초대하지 않은
아픔 고통이 발아래 와 있다

비록 불청객이지만
이 또한 동행해야 할 손님이 아니더냐.

좋고 나쁨이 붙어 다니니
이만하길 다행이다 웃어넘기자

흙이 좋고 물이 좋고
침묵한 바람이 좋으면

감사한 삶
그들을 노래하며 그냥 가자

중환자실에 핀 한 떨기 꽃

산소 호흡기를 단 남자
칭칭 링거 줄에 의지한 여자

삭막한 회색 빛 사각 틀

그곳에도
하얀 웃음이 살고 잘 익은 사랑이 춤춘다.

어쩌면 생을 이별하기 전
어릴 적 사랑방 같은 느낌이다

그것은 마지막 삶을 정리하고
사후에 대한 두려움을 잊기 위한

그들에게 허용된 최후의 만찬
뚜벅뚜벅 검은 그림자 미소 짓는다

병실

백색 커튼이 가리어진
두어 평 되는 병실

간이침대에
간신히 몸 하나 의지 한다.

유리창밖엔
차가워진 바람에 못 이겨

나뭇잎들이 숨죽여
떠날 준비에 기운이 없다

뚝뚝 한 방울씩 낙화된 수액이
유일한 생명 꽃이다

덩치 큰 여 간호사의 갈라진 목소리
타닥타닥 부지런한 발자국 소리

온갖 소음이
비빔밥 되어 병실 가득 채운다.

뚜벅뚜벅 다가오는
불안한 시간의 검은 그림자

육신의 탈을 수리하는 일
가만히 토닥이며 깊은 숨 내쉰다.

주관主觀

뭘 그리 따져
그냥 따라 하면 되는 거지

저들이
한 발로 걸으면 한발로 걷고

색안경 끼고 놀면 색안경 끼고
좋다고 웃으면 주둥이 찢어져라 웃고

거름지고 장에 가면
거름 한바가지 지고 가면되지

첨벙첨벙 흙탕물에 춤춘다고
뱁새가 황새 된다 하더냐.

배아지 꼴리면
뒷구멍으로 삼십육계 쳐

창자는 말라 비틀거리는데
아무리 둘러 봐도

집동산이만 나풀거릴 뿐
냉수 한 그릇도 안 보이니

어디 가야 저 인간
배 터지게 한번 먹으려나.

맷돌

맷돌이 먹은 음식은
먹었던 것을 그대로 배설한다.

콩을 먹으면 콩가루
팥을 먹으면 팥가루

잃어버린 건강 발생한 사고
가만히 있는데 느닷없이 오지 않는다.

더 잘 되길 소원 하지
더 잘 못되지 않길 바라는 이 드물다

복福이란
완벽하게 갖춰진 것이 아닌

한一입口 먹을 밭田 정도면
충분하다고 글 자체가 보이고示 있다

맹물

한 줌의 먼지 같은 육신
우주를 삼켜도 남을 의식

덜커덩거린 고장 난 자동차
먹구름에 가려 행방불명인 운전수

가위바위보 세상 놀음에
시간 가는 줄 모르다

때 되면
사대육신의 탈과 이별 한다

그 뻔한 윤기 난 길이 싫어
출세간을 외치며 산으로 간다.

달콤한 백설탕 유혹
진액으로 우려낸다 해도

저 날 파리가
어찌 맹물의 맛을 알리오.

삶의 뒤안길

또 한 잎 떨어진다.

시든 가지에 부르르 떨며
간신히 매달려있는 잎사귀

저만치 저승 문이 보이는데
참 신기하게도 저들은 너무 평화롭다

오히려 눈앞 고깃덩어리에
피 터지게 싸우며 아우성이다

그러다 툭
또 한 잎 떨어져 뒹군다.

잠시 놀란 눈으로 돌아보지만
별일 없다는 듯 다시 일상으로 젖어든다

타닥타닥 화장터 긴 울림

마른하늘을 채우고
시뻘건 핏줄기를 삼킨다.

주유

배고프면 입에 음식을 넣고
차량 연료가 떨어지면 주유구로 주유한다

인간의 정신도
허기를 느끼면 주유해야 한다.

사실 위장이 비면 서둘러 배를 채우고
연료 감지기가 바닥이면 주유소로 달려가지만

정신이
허기를 느껴도 대수롭지 않게 여긴다.

신선한 무형의 영양제가
주유되면 찬란한 빛을 발하지만

퇴폐적인 것을 접하면
정신은 금방 오염되고 만다.

선각자의 한 땀 한 땀 향기어린 자취가
영롱한 빛이 되어 정신세계로 주유된다.

표지 석

마을 입구에
바르게 살자 라는 표지석이 있다.

왜 하필 수많은 가르침 중
바르게 살자는 표지 석을 세웠을까

그저 그러려니 했는데
살면 살수록 그 의미에 옷깃을 여미게 된다.

모든 것의 근본은
바로 바르게 사는 것에서 출발한다.

바르지 못한 생각이
외부에 표출되었을 때 문제는 발생한다.

사회적 비난을 받거나
건강을 잃고 불행지기도 한다.

바른 생각은
바른 행동으로 이어지고 정신적 희열을 느낀다.

바른 생각 맑은 정신은
가만히 있는데 그냥 오지 않는다.

바르게 사는 것

누구나 알고 있지만
누구나 실천하기란 쉽지 않다

반칙

돌아보면 모두 그리운 삶의 흔적들
순간 그대로 하나의 가치 있는 완성체이다

또 얼마나 그런 호강을 누릴 수 있을까
싸한 허전함이 심장에 아롱진다.

어쩌면 철저하게 외면했던 것들
주체 못 한 허상에 속아 실상을 보지 못했다

아리송한 반칙에 휘슬 불지만
그건 원칙이라며 심하게 항변한다

인간의 오감이
세상의 틀과 무관하지 않는 것을

받아 쥔 감정이 손가락 사이로 흘려
시리도록 하얀 조각들 행여 물들어 아파하지는 않을까

그냥 인간다운
너무 인간스런 사람 냄새가 그리워진다.

지금이라는 공간

자세히 보면
매 순간 지금의 연속이다

가장 나쁠 때도 지금이요
가장 좋을 때도 지금이다

그것은 나빠도 좋아도
너무 얽매지 말아야 할 이유이다

시간은 유수처럼 흘러가니
후회하지 말고 있을 때 잘하라 한다.

다시 그때로 돌아가면
정말 후회 없이 잘 할까

차이는 있겠지만
지금이나 그때나 비슷할 것이다

지난 것은 아름다운 추억이 되고
아무리 잘해도 아쉬움이 남는다.

나무의자

오가는 이의 사랑방
공원 귀퉁이에 나무의자 있다

세상 근심 혼자 다 짊어진 젊은이
못 먹는 밥에 고춧가루 뿌리는 인간

작은 바람에도 쉽게 물든 노인
버려진 아픔에 눈시울 붉히는 인간

나무의자
앉은 자리에 자취가 남는다.

진한 고소한 향기
얼른 가시지 않는 비린내

외모는 다 인두겁인데
배어나오는 냄새는 다르다

나무의자의 철없는 독백이
옷 벗은 들녘으로 아롱져 간다.

그림자

어느새
한해를 다 까먹고 얼마 남지 않았다

가는 세월 잡을 수 없으니
차라리 그 세월 등에 타 편히 가련다.

누구나 좋은 점만 있지 않다
그러나 좋은 점만 바라볼 수 있다

행복이든 불행이든
그들이 오도록 이미 길을 놓아주어 온다.

그림자는
해가 비추는 방향에 따라 바뀌지만

그 본체는 늘 그 자리이다

포장지

포장지는
별 대접을 못 받는다.

속 물건을 위한 것이니
겉포장의 푸대접은 어쩌면 당연하다

포장 없이 속 물건만 있다면
속 물건인들 온전할까

육신은 껍질이요
마음이 주인공이라 한다.

헐렁한 육신
헐렁한 마음

그럴싸한
포장지 속 물건이 궁금하다

마음 감지기

술을 마시면
음주감지기가 반응한다.

마음 작용에 따라
마음 감지기도 반응한다.

양심에 어긋난 일이면
찝찝하고 빨간불이 들어오고

옳고 보람된 일이면
홀가분하고 파란불이 들어온다.

음주감지기에
감지되지 않기 위해 술을 자제하듯

마음 감지기에
감지되지 않기 위해 마음을 자제한다.

코뚜레

코뚜레를 한 인간
코뚜레에 매여 끌려 다닌다.

건강 돈 인간관계
수많은 코뚜레에 매여 끌려가는 길

코뚜레의 슬픔 넘어
걸림돌을 만나 넘어지고 넘어진다.

그 걸림돌이
장애만이 아니었다는 걸 알기까지
그리 많은 시간이 필요치 않다

코뚜레의 아픔도 잊은 채
눈앞 보드라운 풀잎에 침 흘린다

퇴고 후기

엊그제 어린모를 심은 것 같은데 누렇게 익어 고개를 숙이는 나락들
영원할 것 같았던 무더위는 어디로 갔는지 찬바람이 분다.

세상에 태어나 책이라곤 처음 써보는 나
가만히 생각 보면 왜 책을 내고 싶어 했을까

잠시 일어났다 사라지는
마음의 흔적들을 남겨두고 싶어서가 이유라면 이유일 것이다

누군가가 알아주고 공감해 주는 것에 의미를 둘 수 있지만
나는 나로 남겨져 기억되길 바라는 면이 더 큰 것 같다

작은 하나의 결실이
나락들 틈에 맺어진 것 같아 그나마 한결 마음이 가볍다

이제 농부의 일상으로 돌아가
아직 가을걷이가 끝나지 않은 논밭에 마지막 추수를 해야겠다.

2023년 가을날 농부

마음이 나에게 하는 말

1판1쇄 2023년 11월 28일

저자 이금호
발행인 이경화

펴낸곳 디자인21
주소 04560 서울특별시 중구 퇴계로 293-1 3층
전화 02-2269-6561(대)
팩스 02-2269-6568
이메일 21publish@naver.com
블로그 https://21publish.co.kr
홈페이지 https://blog.naver.com/publish21

등록번호 제1-1128호
등록일자 1991.2.12

ISBN 978-89-6131-126-7 03810

정가 12,000원